AF248437

LES JOURNÉES DE NAPOLÉON

A BAYONNE

LES JOURNÉES DE NAPOLÉON
A BAYONNE

D'APRÈS

Les Contemporains et des Documents inédits

Par E. DUCÉRÉ

BAYONNE

IMPRIMERIE A. LAMAIGNÈRE, RUE JACQUES LAFFITTE, 9

—

1908

Journées de Napoléon

A BAYONNE

14 Avril 1808

ENTRÉE DE NAPOLÉON A BAYONNE

Il y a aujourd'hui cent ans jour pour jour que Napoléon fit son entrée dans notre ville de Bayonne. C'est à partir de ce moment et des événements qui suivirent, que l'étoile de l'empereur s'obscurcit graduellement jusqu'à la catastrophe finale. Aussi le long séjour qu'il fit dans notre ville est-il de la plus grande importance et du plus haut intérêt pour l'histoire du grand empire et de notre vieille cité. C'est à l'aide d'un travail incessant et de découvertes quelquefois heureuses, qu'il nous a été permis de restituer ces quatre-vingt-seize journées inoubliables pendant lesquelles Bayonne frémit d'une vie intense dont elle se ressent encore aujourd'hui.

Nous avons pensé à mettre en œuvre les documents si nombreux et si variés qui sont parvenus jusqu'à nous, en retraçant aussi bien que possible les occupations multiples de cet homme plus grand que

nature. C'est à l'aide d'une éphéméride
donnant chaque jour et à sa date même
les travaux, les promenades, les distrac-
tions du grand capitaine, que nous avons
voulu essayer de faire revivre cette époque
impérissable et donner aux Bayonnais qui
s'intéressent aux choses du passé un aperçu
succint de ces journées si mouvementées.
Le sujet est vaste, car la présence dans
notre ville du maître de l'Europe avait
déplacé l'orbite de la terre, et chacun se
hâta d'accourir se chauffer aux rayons de
ce soleil étincelant.

Mais avant de donner dans ces notes
brèves et précises la relation du séjour
impérial, nous croyons devoir raconter
avec quelque détail l'entrée du grand capitaine dans la ville où il allait accomplir
l'acte extraordinaire de la spoliation du
trône d'Espagne. Nous pensons que nos lecteurs seront heureux de retrouver ici un
faible écho des choses d'un passé encore
bien obscur et que nous avons eu tant de
peine à reconstituer.

Une partie du service de l'empereur était
déjà arrivé à Bayonne le 14 avril 1808,
quelques heures avant lui. Ce même jour,
à deux heures après-midi, M. de Castellane, préfet des Basses-Pyrénées, reçut la
visite du général Lebrun, de M. d'Angosse
et de son parent, M. de Baussel, préfet du
palais.

De grands préparatifs avaient été faits
pour le logement de l'empereur. Après

avoir tout d'abord songé à la maison Dubrocq, située sur la rue place d'Armes, la municipalité abandonna bientôt cet édifice pour l'hôtel du Gouvernement, aujourd'hui Division Militaire. Puis, comme on était en droit de supposer que beaucoup de choses viendraient à manquer dans les maisons de la ville où devaient loger les principales personnes formant la suite de l'empereur, la municipalité s'empressa d'emprunter aux habitants riches du linge de table, « du linge de nuit », même de l'argenterie et des flambeaux.

Le 16 mars on était en plein travail et on s'occupait surtout, avec une activité fiévreuse, de l'ameublement du palais du Gouvernement, dans lequel devait loger l'empereur. L'embellissement et les décorations des divers appartement avaient été confiées à M. Robin neveu, tapissier, « dont le goût est connu dans le haut genre. »

« On s'occupa de la confection du lit de Sa Majesté, des tapisseries, draperies et accessoires pour l'appartement de l'empereur. On plaça des ornements dans la grande salle, des tapis de pied, des glaces et tout ce que la ville put fournir de beau pour une pareille circonstance.

« On meuble les salles pour le prince major-général qui est auprès de Sa Majesté, pour le grand maréchal du Palais, pour le secrétaire particulier. On établit une cuisine avec tous les ustensiles nécessaires.

Enfin, on fait tout le possible pour qu'il n'y ait rien à désirer. De plus, afin de pouvoir loger la suite nombreuse de Sa Majesté, le maire fit encore prier les personnes notables de Bayonne de vouloir bien prêter des lits, des meubles et tous autres objets qui pourraient être nécessaires. » On construisit même des fours et on garnit le bûcher.

En même temps un magnifique arc de triomphe fut dressé sur la place du Réduit. Les dessins en furent exécutés par Jean-Joseph Saint-Martin, ingénieur géographe, et il portait une multitude d'inscriptions dont il serait trop long de donner le détail.

Enfin tout était prêt pour la réception de Napoléon. Les grenadiers et les chasseurs à pied de la garde étaient arrivés en poste à Saint-Esprit et passèrent, en grande tenue, le pont de bois qui séparait cet ancien faubourg de la ville de Bayonne. La garnison entière avait pris les armes pour recevoir dignement cette élite de l'armée. « Les bourgeois encombraient les rues, les places, les fenêtres et les toits et criaient comme de bons Français qu'ils étaient : « Vive la vieille garde ! »

Enfin Napoléon arriva à Bayonne le 14 avril, à neuf heures et demie du soir. Un drapeau devait être hissé pour prévenir la Citadelle de son arrivée, où une batterie de six pièces de canon avait été préparée pour exécuter les salves, mais l'obscurité de la nuit ne permit pas de se servir de ce

signal. Il y avait une autre batterie de
deux canons aux Allées-Boufflers, une de
quatre canons au Réduit, et une de trois
canons derrière le Château-Vieux. La longue rue Maubec, la place Saint-Esprit,
les deux ponts, les quais, la ville entière
étaient jonchés de verdure et resplendis-
saient de la plus brillante illumination ;
les cloches, malgré les prescriptions catholiques du Jeudi Saint, sonnèrent à toute
volée, le canon tonnait sur les remparts,
à la Citadelle, dans le port et sur les vais-
seaux, et au milieu de ce fracas, de cette
foule, de cet éclat, de bruyantes acclamations dominaient un moment tous les
bruits.

C'était un magnifique spectacle que cette
marche de nuit à travers une population
presque en délire d'admiration et de curio-
sité. Voyez ces deux rivières où semblent
se réfléchir et se rêfléter tous les feux,
ces navires rapprochés dont les mâtures
se dressent sur le massif noir des Allées-
Marines, toutes ces maisons richement
éclairées qui laissent paraître à leurs mille
fenêtres des grappes vivantes de specta-
teurs, ces armes étincelantes, ces longues
files d'hommes et de chevaux ; puis écou-
tez les fanfares, les cloches, le canon, ces
cris de joie, et si vous parvenez à évoquer
fidèlement cette physionomie de la ville,
ce tableau si riche d'expression et de couleurs, vous aurez peint à grands traits cette
soirée historique du 14 avril, dont on doit

se souvenir au moins avec une sorte de patriotisme local.

Lorsque le cortège impérial fut parvenu à Ondres. la gendarmerie des Landes qui, avec la garde d'honneur à cheval lui avait servi d'escorte, se renforça de plusieurs brigades, tandis qu'un fort escadron de cuirassiers, venu de Bayonne, fermait la marche. En haut de la côte de Saint-Étienne et malgré sa volonté, disent les souvenirs du temps, le peuple enivré se rua sur la berline de l'empereur, détacha les chevaux pour la traîner à bras, et Napoléon fit ainsi son entrée triomphale. Il arriva à l'arc de triomphe élevé par la commune de Saint-Esprit, qui était la dernière des Landes. Il y fut reçu par le maire et par la municipalité, qui le supplièrent d'agréer une garde d'honneur parfaitement organisée, et qui fut admise à l'accompagner jusqu'au milieu du pont. Le cortège, précédé par la garde d'honneur de Saint-Esprit, traversa lentement la ville magnifiquement illuminée et pavoisée dans les longues rues par un grand nombre de pavillons de toutes couleurs flottant sur des guirlandes de laurier où étaient suspendues des couronnes artistement tressées. « Toute la population, ou à la suite du cortège, ou aux fenêtres, donnait les démonstrations de l'allégresse la plus vive. Les clameurs ont redoublé lorsque le cortège est parvenu jusqu'à la grande place dont les maisons, apparte-

nant pour la plupart à des particuliers de
la nation juive, étaient parfaitement illu-
minées et produisaient un très bel effet.
Arrivé au milieu du pont, le préfet des
Landes, qui avait jusque-là accompagné
l'empereur à franc étrier, prit congé de
lui et se vit remplacé par le préfet des
Basses-Pyrénées, général de Castellane,
qui le reçut à la tête de la garde d'honneur à cheval de Bayonne. »

Napoléon arriva ainsi à la porte du
Réduit, où il fut reçu par la municipalité
et les autorités bayonnaises. Là, il descendit de voiture pour monter à cheval ; il
était ce jour-là revêtu de son costume
habituel de colonel des chasseurs de la
garde. Sur la place, il jeta un regard autour de lui. Le spectacle était grandiose :
la gendarmerie d'élite et les chevau-légers
polonais escortaient l'empereur, autour de
qui se pressait un nombreux état-major,
car il avait avec lui le maréchal Berthier,
prince de Neufchâtel, le général Duroc,
grand maréchal du palais, les généraux
Bertrand, Lebrun et Ordener, les ministres
Maret et Champagny ; il était accompagné
de Roustan, dont le costume oriental fit
son effet ordinaire. Les deux compagnies
de la garde d'honneur à cheval et à pied
de Bayonne et une troisième compagnie
de garde d'honneur basque formaient la
haie. Ici, dit un contemporain, M. Detche-
garay, maire de Bayonne, ancien cheva-
lier de Saint-Louis, présenta à l'empereur

les clés de la ville, et lui adressa un tout petit discours pas mal tourné.

Ainsi que nous l'avons dit, l'arc de triomphe était entouré des fantassins de la garde d'honneur en habits rouges et de cavaliers en frac marron. Les uniformes éclatants sautèrent aux yeux de l'empereur, qui n'aimait pas, comme on le sait, les Anglais.

— Qu'est celà, demanda-t-il au maire.

— C'est votre garde d'honneur, sire.

— Et c'est vous, M. le Maire, qui commandez ces rouges à pied?

— Oui ! sire, et ces puces à cheval.

Le bon mot n'était pas préparé, il fit sourire Napoléon. Le maire, confus, en rougit jusqu'au blanc des yeux.

Après la harangue du maire, qu'il eut le bon esprit de faire courte, l'empereur monta à cheval, et suivi de toute son escorte de maréchaux et d'aides de camp, précédé et suivi par la gendarmerie d'élite, les chevau-légers et les cuirassiers, il passa au grand trot sur le pont Mayou, dont les planches sonores résonnèrent sous les durs sabots des chevaux. En arrivant à l'entrée de la rue, il eut le temps de jeter un coup d'œil sur les lignes profondes des grenadiers de la garde à pied qui, massés en colonne de bataillon, couvraient la place de la Liberté de leurs bonnets à poil et de leurs baïonnettes étincelantes. Un souvenir du temps nous assure que la première compagnie qui faisait face au pont duquel débouchait l'empereur, avait plus de quarante hommes décorés de la Légion d'honneur.

Quelques jours avant l'arrivée de Napoléon, un de ses fourriers, envoyé en avant, fit remarquer que l'empereur ayant l'habitude de courir à toute bride dans les rues des villes qu'il traversait, les pavés pointus qui décoraient à cette époque les rues de Bayonne pourraient procurer une chute dangereuse et produire un malheur irréparable. Un pied de sable avait été aussitôt étendu sur le pavé des rues qu'il devait parcourir.

Napoléon traversa rapidement les rues du Pont-Mayou et de l'Argenterie, passa sans s'arrêter devant la cathédrale, sur le parvis de laquelle se tenait le clergé, descendit la rue de l'Evêché et arriva devant le palais du Gouvernement, où tout avait été préparé pour le recevoir. On ne nota d'autre incident que la chute d'un chevau-léger polonais qui s'abattit avec sa monture à l'angle brusque que fait la rue Argenterie en débouchant sur la place Notre-Dame. A onze heures Napoléon était déjà couché qu'une magnifique illumination éclairait la ville de toutes parts.

L'évêque avait à sa fenêtre une aigle couronnée sous laquelle on lisait ces mots :

A sa puissante voix nos autels se relèvent.

Le maire avait un énorme transparent à la façade de son hôtel, sur lequel il y avait

une grande aigle couronnée s'élevant ma-
jestueusement dans les airs, et on lisait
au-dessous :

Son vol n'atteint pas la hauteur de sa gloire

Nous allons voir maintenant jour par
jour quelles furent les journées de l'empereur depuis son arrivée, le 14 avril 1808,
jusqu'à son départ de Bayonne, le 19 juil-
let, c'est-à-dire pendant plus de trois mois.

15 Avril 1808

A sept heures du matin, l'empereur, après
avoir rapidement examiné et parcouru le
palais de la Division et manifesté son mé-
contentement de se voir si mal logé, monta
à cheval, et accompagné des généraux
Duroc et Lebrun, traversa la ville et se
dirigea vers Saint-Pierre d'Irube, où il
visita diverses maisons de plaisance. Mais
aucune d'entr'elles n'ayant paru lui convenir, il traversa de nouveau Bayonne et
se rendit sur la route de Cambo, où il mit
pied à terre devant le château de Marrac.
Ayant demandé quel était le personnage
qui l'avait fait construire, il lui fut répondu
que c'était la reine Marie-Anne de Neu-
bourg. « — Ah ! ah ! dit Napoléon la veuve
de Charles II, voilà une étrange coïncidence. » Puis il visita le château qu'il
trouva petit et mal distribué. Il donna des
ordres au maréchal Duroc, et à dix heures
il était rentré dans son palais.

Peu de temps après il alla s'embarquer

dans sa brillante péniche qui l'attendait
aux Allées-Marines, et dont l'équipage était
composé par douze capitaines au long-
cours. Il se dirigea vers le Boucau et
aborda sur la côte Sud, d'où il examina
attentivement les travaux. Après une promenade de près de deux heures, Napoléon revint à Bayonne et rentra dans son
palais.

16 Avril 1808

A dix heures du matin, le général Savary
avait une longue conversation avec l'empereur et partait aussitôt après pour Saint-
Jean-de-Luz.

A midi, Napoléon montait à cheval accompagné de son escorte ordinaire, et
reprenait au grand trot la route de Marrac.
Le bruit s'était déjà répandu que le pro-
priétaire, M. Marqfoy, avait vendu ce
domaine et celui de St-Michel à l'empereur.

L'après-midi il se rendit à l'arsenal de
la Marine, qu'il visita longuement. Ce fut
à la suite de cette visite qu'il écrivit à
l'amiral Decrès, ministre de la marine,
une lettre dans laquelle il lui disait tout
le parti qu'il espérait tirer du port de
Bayonne, qui n'était jamais bloqué com-
plètement.

17 Avril 1808

A huit heures du matin tout était déjà
prêt, et Napoléon monta à cheval pour se

rendre au château de Marrac. Cependant le mobilier n'était pas entièrement placé, et à chaque instant quelque pièce nouvelle arrivait de la ville. Un bain avait été placé dans un petit cabinet à côté de la chambre à coucher. La table du secrétaire, M. de Méneval, était dans l'embrasure d'une fenêtre, et la bibliothèque portative avait été déployée.

A deux heures Napoléon sortit en voiture et fut s'embarquer aux Allées-Marines. Il visita de nouveau les travaux de la Barre et fut mécontent en apprenant du pilote-major que l'état de la passe ne permettait pas aux frégates d'entrer dans le port. Le soir de ce jour il demanda au préfet, général de Castellane, de lui former une compagnie basque semblable à celle du prince Murat.

18 Avril 1808

Dans la matinée arrivait à Bayonne, allant en Espagne, une partie de la division de cavalerie légère du général Lasalle. M. de Champaguy, ministre des relations extérieures, allait loger à *Largenté*, à côté de Marrac, et Napoléon, au moment de sortir du château, annonça au préfet de Castellane qu'il trouvait la compagnie basque qu'il lui avait demandée trop chère, et qu'il y renonçait.

A onze heures il montait à cheval et se dirigeait, en traversant la ville et accompagné par le maréchal Berthier et le général Duroc, vers l'arsenal Maritime. Il serait trop long de dire en détail tout ce qui se passa au cours de cette visite si fertile en incidents de tous genres. Ajoutons seulement qu'il examina avec le plus grand soin la Mouche capturée sur l'escadre de l'amiral Cochrane, et dont les formes légères et gracieuses le frappèrent vivement. Il donna des ordres pour que plusieurs autres fussent mises en construction et fut mécontent des délais que lui demandaient les ingénieurs de la marine. Ce fut alors que, conseillé par M. Bourgeois qui l'accompagnait, il se rendit dans les chantiers de M. Baudry, et que celui-ci lui promit un bâtiment du même genre dans l'espace de quinze jours.

Rentré à Marrac, l'empereur rapprocha les délais demandés par M. Baudry et les ingénieurs de la marine et pensa que le constructeur avait dû se tromper. Il s'empressa de renvoyer le général Duroc au chantier, et celui-ci ayant posé de nouveau la question de l'empereur, Baudry répondit encore :

— Quinze jours, plutôt moins que plus.

— Mais comment ferez-vous, demanda le grand maréchal, les ingénieurs de la marine exigent plus d'un mois ?

— Ah ! répondit le vieux maître, que voulez-vous, les ingénieurs travaillent pour le gouvernement, et je travaille pour moi.

2

19 Avril 1808

A midi, un bruit d'instruments se fit entendre devant la grille du château, et l'empereur ayant demandé ce que c'était, il lui fut répondu que des jeunes gens et des demoiselles de Bayonne désiraient exécuter devant lui la *Pamperruque*, danse particulière à la ville, et qui n'était offerte qu'aux souverains. Napoléon donna l'ordre de les faire entrer, et six jeunes filles de la plus ravissante beauté et sept jeunes gens, ces derniers l'épée nue à la main et appartenant à la meilleure société bayonnaise, vinrent se placer sur la pelouse du parterre, en face des fenêtres du salon de l'empereur. Celui-ci assista avec plaisir à leurs évolutions et cadences et ordonna de les faire entrer dans le salon où il les complimenta sur l'élégance de leurs costumes et la grâce de leurs mouvements. Mais ici se plaça un incident grotesque. Les mères des danseuses, qui avaient voulu profiter de l'occasion pour pénétrer dans le château, menaient grand tapage dans le vestibule. Napoléon demanda au capitaine de Monclar, qui commandait la garde d'honneur à cheval de Bayonne et qui se trouvait dans le salon de service, ce que signifiait ce vacarme. Celui-ci lui répondit, en nommant la mère d'une des plus jolies danseuses :

— Sire, c'est Madame Faurie.

— Vous voulez dire Madame Furie ! répliqua Napoléon.

Puis il fit ouvrir toutes les portes et entra dans ses appartements intérieurs.

Aussitôt après l'empereur monta dans sa péniche et fut visiter un beau corsaire ancré dans le port et qui portait le nom de l'*Amiral-Martin*. Puis, revenu à St-Esprit où l'attendaient ses chevaux, il poussa jusqu'à Tarnos, et le soir travailla avec son secrétaire assez avant dans la nuit.

20 Avril 1808

L'empereur passa en revue, sur les glacis, le 14ᵉ régiment d'infanterie provisoire, formé de dépôts et de conscrits, et qui se préparait à entrer en Espagne. Lui-même fit manœuvrer les troupes, et vers midi il put voir, débouchant de la route d'Espagne, une longue file de voitures faisant leur entrée dans la ville. C'était le cortège du prince des Asturies, plus tard Ferdinand VII, qui traversa les rues de Bayonne et alla descendre à la maison Dubrocq où se trouvait déjà l'Infant Don Carlos.

Peu de temps après Napoléon quitta le commandement des troupes et entra à son tour par la porte d'Espagne. Il fut reçu sous la porte cochère par Ferdinand, et les deux princes s'embrassèrent. Ils eurent un moment d'entretien dans le salon du premier étage et Napoléon, remontant à cheval, revint sur les glacis, reprendre le commandement des troupes.

Vers cinq heures, une voiture impériale vint chercher les princes espagnols et les conduisit à Marrac, où ils dînèrent avec l'empereur. Ce fut après leur retour que le prince des Asturies, paraissant au balcon de son appartement, s'écria à plusieurs reprises qu'il était trahi, ce qui causa quelque émotion parmi la foule. Mais une nombreuse gendarmerie calma vite cette effervescence, et le prince rentra dans son appartement.

21 Avril 1808

Le matin l'empereur fit une promenade dans le parc de Marrac et descendit ensuite sur les bords de la Nive. A midi il sortit à cheval en compagnie du maréchal Berthier et alla visiter l'arsenal d'artillerie. A cinq heures il était de retour à Marrac, où il eut une longue conférence avec le chanoine Escoïquiz, archidiacre d'Alcaraz, et précepteur du prince des Asturies. Il lui fit part de ses projets relativement à l'Espagne, et lui offrit pour son élève le royaume d'Etrurie en échange du trône de Charles-Quint. Il demeura sourd à toutes les raisons que lui donna l'infortuné chanoine, et le récit de cette conversation, qui nous a été conservé par le chanoine lui-même avec une fidélité surprenante, est du plus grand intérêt.

22 Avril 1808

Après sa promenade matinale dans le

parc de Marrac, Napoléon monta à cheval avec un piquet d'escorte et alla passer en revue le 14° régiment provisoire d'infanterie. Après le défilé, l'empereur, accompagné du général Savary, alla visiter la Chambre-d'Amour.

Le soir il eut une nouvelle conférence avec le chanoine Escoïquiz, qui dit avoir refusé le grand cordon de la Légion d'honneur, qui étalait sur une table son large ruban cramoisi, car il craignait qu'on l'accusât d'avoir été acheté par l'empereur.

Le même jour le général Duroc, grand maréchal du Palais, qui était installé à *Saint-Michel*, donna à dîner au général de Castellane, préfet des Basses-Pyrénées, et au général Marescot, aide de camp de l'empereur, qui devait, peu de temps après, aller ternir sa réputation militaire en signant la capitulation de Baylen.

23 Avril 1808

Le matin l'empereur visita la maison de *Saint-Michel*, où s'était installé le grand maréchal du palais. Il donna des ordres pour faire réparer le colombier ou tourelle qui surplombait la vallé de la Nive. Il alla jeter un coup d'œil au camp de la garde impériale placé sur l'esplanade, derrière les jardins, et après avoir déjeuné il monta à cheval et accompagné du général Savary, alla passer en revue le 4° escadron de cavalerie provisoire. Puis, au grand trot et avec son escorte ordinaire, il alla de nouveau voir la mer à la Chambre d'Amour.

Le soir on fit acheter chez M. Gosse, libraire à Bayonne, un certain nombre de livres pour le service de l'empereur.

24 Avril 1808

Après sa promenade du matin Napoléon passa en revue, sur l'esplanade de Marrac, l'escadron des chevau-légers polonais de la garde et se montra très mécontent de leur instruction. Aussitôt après il donnait l'ordre de départ des escadrons de marche, du 13ᵉ régiment provisoire et de deux pièces de canon qui devaient entrer en Espagne. Il se rendit ensuite au château de Marrac où l'attendait M. de Villeneuve, chambellan de la reine de Hollande, qui venait lui annoncer la naissance de Louis Bonaparte, qui fut plus tard Napoléon III.

L'après-midi, accompagné de son escorte ordinaire de gardes d'honneur et de chevau-légers polonais, il se rendit aux Allées-Marines où il rencontra, remontant le fleuve, un corsaire bayonnais remorquant une prise. Il revint bientôt sur ses pas et regagna la route de Biarritz près de Beyris, où il rencontra un détachement d'artillerie et de voitures de munitions qui se rendait en Espagne. Peu après il était de retour au château de Marrac.

25 Avril 1808

La matinée fut légèrement pluvieuse, ce qui n'empêcha pas Napoléon de sortir

revêtu de sa fameuse redingote grise et
suivi d'un seul officier. Il alla visiter le
bivouac des chevau-légers polonais installé au *Bouiliqau*. Quelques heures plus
tard un officier lui annonça l'arrivée du
prince de la Paix, Emmanuel Godoï, et
l'empereur donna des ordres pour qu'il fut
logé hors de la ville afin de n'être pas
exposé à rencontrer le prince des Asturies,
son mortel ennemi.

Après avoir vu partir pour l'Espagne un
escadron du 10e chasseurs avec le colonel,
l'empereur, accompagné par le général
Savary, alla visiter Biarritz, où il devait
revenir si souvent pendant son séjour.

26 Avril 1808

Après avoir déjeuné, Napoléon monta à
cheval, et accompagné seulement d'un
officier et de quelques gardes d'honneur,
il entra à Bayonne par la porte d'Espagne
et alla visiter la cathédrale. Il s'indigna
des mutilations qu'elle avait subi et parcourut l'édifice en ordonnant qu'il fut fait
les réparations les plus urgentes.

A midi le général Savary se rendit à
Beyris pour prendre le prince de la Paix
et le conduire à Marrac, où il eut une longue conférence avec l'empereur. On ne
put savoir ce qui s'était passé, mais la
physionomie radieuse de Godoï, en sortant
de cette audience, indiquait que le prince
des Asturies ne tarderait pas à être mal-
mené.

Ce même jour le préfet général de Castellane recevait à sa table le comte de Fernan-Nunez et plusieurs autres grands personnages.

27 Avril 1808

C'était une journée depuis longtemps attendue, car l'Impératrice devait arriver dans la soirée et on comprendra combien les Bayonnais attendaient ce moment avec impatience lorsqu'on se rappelle les mots prononcés par M. Frédéric Masson, le grand historien de cette époque inoubliable : « Napoléon gagne les batailles, et Joséphine gagne les cœurs. »

Comme la nuit était déjà tombée, le canon de la citadelle annonçait l'arrivée de Sa Majesté l'impératrice et reine. Précédée d'un peloton de la garde d'honneur à cheval de Bayonne, le général Lebrun à la portière de gauche, le général préfet des Basses-Pyrénées à la port.ère de droite, escortée et suivie par la gendarmerie d'élite et les chevau-légers polonais, Joséphine traversa, au petit pas de ses chevaux, la rue Maubec, la place Saint-Esprit et le pont. Arrivée à la place du Réduit, elle fut saluée par le maire et le Conseil municipal. La physionomie sympathique et gracieuse de l'Impératrice produisit une bonne impression sur les Bayonnais, appelés à la voir pour la première fois. Elle n'avait avec elle dans sa berline de voyage que Mme de Montmorency.

L'impératrice fit de nouveau arrêter sa voiture à l'extrémité du pont Saint-Esprit pour recevoir vingt-cinq demoiselles de Bayonne habillées d'une robe blanche avec des rubans et une ceinture verte. Mlle de Roll, un peu émue, lui présenta un magnifique bouquet et lui récita un compliment en vers que Sa Majesté daigna écouter avec le plus encourageant sourire.

La voiture se remit en marche au bruit du canon et des acclamations répétées d'une foule immense. On traversa ainsi les rues Pont-Mayou, Argenterie et Mayou, bordées de troupes et étincelantes de lumières. A la sortie de la porte d'Espagne un piquet de chevau-légers polonais portant des torches allumées, éclaira la route de Marrac. La garde impériale était sous les armes, dans le parterre, tandis que sur le perron se tenait Napoléon accompagné du maréchal Berthier, et des généraux Duroc et Bertrand. Les pages tenant des flambeaux éclairaient le groupe impérial et la façade du château étincelait. La portière de la voiture de l'impératrice fut ouverte par un page, et comme Joséphine mettait un pied sur le marchepied, l'empereur, qui venait de descendre vivement l'escalier du perron, la prit dans ses bras et l'embrassa affectueusement. Puis, la tenant par la main, ils montèrent ensemble l'escalier et pénétrèrent dans l'intérieur du château, où le dîner venait d'être servi.

28 Avril 1808

Après le déjeuner, leurs Majestés impériales sortirent ensemble, et après avoir fait le tour du jardin situé derrière le château, s'enfoncèrent dans les allées du parc. Napoléon conduisit Joséphine vers la tonnelle qui bordait le plateau du côté de la Nive, et l'invita à monter avec lui sur la terrasse qui la dominait, et dont il avait fait assujettir l'escalier. Après avoir longtemps hésité l'impératrice se décida enfin et put admirer le magnifique panorama que l'on découvrait de ce point élevé.

Dans l'après-midi l'impératrice reçut, avec sa grâce ordinaire, les autorités bayonnaises, et pria le général préfet de Castellane de lui procurer un de ces coureurs basques qui étaient à la mode dans toutes les grandes maisons.

29 Avril 1808

Dans l'après-midi, sur des ordres précis de Napoléon, des nuées d'ouvriers s'emparaient du palais du Gouvernement, où devaient descendre les monarques espagnols qui étaient attendus. L'empereur monta à cheval avec le général Savary et alla promener du côté du lac de la Négresse. L'impératrice promena dans le parc accompagnée de Mme Gazzani.

Le soir il y eut cercle chez l'impératrice, whist et thé. Joséphine demanda au préfet des Basses-Pyrénées une liste des Dames de Bayonne pour ses réceptions.

30 Avril 1808

Encore une journée mémorable, car les rois d'Espagne étaient annoncés. Les troupes de la garnison avaient pris les armes et formaient la haie depuis la porte d'Espagne jusqu'au palais du Gouvernement, où les vieux souverains devaient descendre. Ils n'arrivèrent qu'à une heure et demie et furent reçus par M. de Castellane. Le cortège était précédé d'un peloton de cuirassiers. Le carrosse royal contenait Charles IV, la reine Marie-Louise et la duchesse d'Alcudia, fille de Godoï. La voiture était d'une forme antique, et quatre laquais accrochés derrière, étaient couverts de la poussière de la route. D'ailleurs peu de voitures de suite, mais un grand nombre de fourgons, car on disait que la reine avait emporté tout ce qu'elle avait pu, y compris les diamants de la couronne.

Au palais de la Division ils trouvèrent Godoï qui les attendait. Après une algarade au prince des Asturies, le roi monta dans son appartement, où il reçut bientôt la visite de Napoléon, qui arriva accompagné par le général Savary.

Le soir, les rois d'Espagne, invités par l'empereur, montèrent dans une voiture qu'il leur envoya et partirent pour Marrac où ils avaient été invités à dîner. Là se passèrent toutes sortes d'incidents trop connus des lecteurs pour que nous les répétions ici.

1er Mai 1808

Napoléon alla visiter Saint-Esprit, fit une station à l'arsenal maritime et monta ensuite à la citadelle, où il n'était pas attendu. Il visita soigneusement la fortification, œuvre de Vauban.

Le roi et la reine d'Espagne montèrent dans la voiture impériale qui avait été laissée à leur disposition, ayant avec eux le prince de la Paix et sa fille, la duchesse d'Alcudia. Le général Reille était à cheval à la portière de droite. La voiture traversa les Allées-Marines, se dirigea sur la Barre où elle arriva au moment même où un corsaire, poursuivi par un brick de la croisière anglaise, se disposait à entrer dans l'Adour. Charles IV fit arrêter la voiture et monta à la tour des signaux comme la batterie de la jetée Nord ouvrait son feu sur l'anglais. Le navire anglais vira de bord avec grâce et le corsaire pénétra dans le fleuve toutes voiles dehors. C'était l'*Atrévido,* qui venait d'échapper ainsi, presque miraculeusement, à son agile adversaire. Bientôt le roi, suivi par le pilote-major, regagna sa voiture où la reine l'attendait toujours, et entra peu après au palais du Gouvernement.

Le soir il y eut un grand dîner chez M. de Champagny, ministre des relations extérieures, auquel avaient été invités plusieurs grands personnages français et espagnols.

2 Mai 1808

Le matin de bonne heure, Napoléon assista au départ du corsaire l'*Amiral-Martin*, commandé par le capitaine Darribau, et qu'il avait chargé de dépêches importantes pour les Antilles.

Dans l'après-midi, l'impératrice Joséphine alla visiter le roi et la reine d'Espagne. Sa voiture était escortée de chevau-légers polonais et de gardes d'honneur à cheval de Bayonne. Elle avait avec elle Mme de Montmorency. A la portière de droite était son grand écuyer le général Ordener, un page de l'empereur était à celle de gauche. L'impératrice demeura environ une heure avec les vieux souverains et revint aussitôt après à Marrac. Le soir il y eut cercle chez l'impératrice, où se trouva le marquis d'Alorna, commandant en chef des troupes portugaises.

3 Mai 1808

Vers neuf heures l'empereur sortit à cheval de Marrac accompagné de Berthier et de ses aides de camp et alla passer en revue, sur les glacis, les troupes qui se trouvaient à Bayonne en ce moment. Tous les jours ces dernières se succédaient et entraient successivement en Espagne. Au moment où allait commencer le défilé, le roi et la reine d'Espagne, accompagnés de leur favori le prince de la Paix, arrivaient sur le terrain de la revue escortés par le

général Reille et le colonel des carabiniers
royaux qui, fidèle au roi Charles IV, l'avait
suivi en France. Le bon roi portait le
grand cordon de la Légion d'honneur. Le
défilé eut lieu au son de la maigre musi-
que du 14° régiment provisoire, et Napoléon ayant salué ses illustres hôtes, reprit
le chemin de Marrac. Le soir il y eut un
diner au château de Marrac auquel assistèrent le roi et la reine.

4 Mai 1808

Napoléon donna audience au colonel
Excelmans, aide de camp de Murat, qui
repartait pour Madrid portant des dépêches pour le grand duc de Berg A dix
heures l'empereur traversa Bayonne et
alla s'embarquer dans sa péniche. Il examina les bords du fleuve du côté de la
rive droite et dit qu'il serait bien facile
d'établir en ces lieux un magnifique arsenal maritime. Il poussa jusqu'à l'île de
Lahonce, dans laquelle il débarqua, et
revint promptement à Bayonne, où il re-
trouva sa voiture et ses gens.

L'impératrice se promena quelques instants dans les jardins de Marrac, et y
trouva une petite fille qui, nullement inti-
midée, répondit à toutes ses questions. La
mère de l'enfant, qui était lingère au château, accourut bientôt, mais la bonne Joséphine la ramena aussitôt et ne laissa pas
partir la fillette sans un joli présent.

Le roi et la reine d'Espagne ne sortirent

pas de leur palais, mais à partir de ce jour Godoï, ayant quitté la maison de *Beyris*, vint demeurer avec les vieux souverains.

5 Mai 1808

Cette journée devait être néfaste pour les destinées du grand Empire, car elle allait donner à Napoléon le prétexte qu'il cherchait pour obtenir l'abdication des rois d'Espagne et du prince des Asturies.

A une heure de l'après-midi, Napoléon sortit de Marrac à cheval et prit la route de Biarritz. Il avait avec lui le général Savary et était suivi de son escorte ordinaire de chevau-légers polonais et de gardes d'honneur à cheval de Bayonne. Arrivé en face de *Beyris* il fut rencontré par un officier couvert de poussière et courant la poste à franc étrier. C'était M. d'Hannecourt, capitaine des chasses, qui lui portait le rapport de Murat sur l'insurrection du *dos de Mayo* à Madrid.

Napoléon revint sur ses pas, entra dans Bayonne et se rendit au palais du Gouvernement où logeaient les vieux souverains d'Espagne. Il montra à Charles IV la fâcheuse nouvelle du massacre de Madrid, et celui-ci envoya aussitôt chercher le prince des Asturies. Godoï et le général Savary purent suivre, par les fentes de la porte mal fermée, toutes les péripéties de cette séance historique à la suite de laquelle Napoléon enleva enfin l'abdication du vieux roi et de son fils. Quelque importante qu'elle soit nous ne la relaterons pas ici parce qu'elle a été trop souvent racontée. Napoléon reprit bientôt la route de Marrac. A six heures une voiture impériale venait chercher le roi et la reine, invités à dîner au château.

6 Mai 1808

La nouvelle de l'insurrection de Madrid se répaudit bientôt à Bayonne. A neuf heures du matin, une voiture de l'empereur vint à la maison Dubrocq, où étaient logés les infants d'Espagne, et conduisit le chanoine Escoïquiz à Marrac. Napoléon le reçut dans le jardin où ils promenèrent longtemps, puis il le fit entrer dans son cabinet. Escoïquiz revint à Bayonne vers midi, et un moment après Napoléon sortit à cheval avec Duroc et Savary.

Vers trois heures l'impératrice sortit en voiture avec Mmes de Montmorency et Marel, et alla promener sur les hauteurs de Saint-Pierre.

7 Mai 1808

Napoléon promena dans le parc de Marrac, suivant sa coutume, et accompagné du général Savary descendit jusque sur les bords de la Nive.

A midi, le prince des Asturies et son frère Don Carlos, sortirent dans leur voiture attelée de mules. Ils avaient avec eux le duc de San Carlos. Ils arrivèrent bientôt à la porte de Mousserolles. Là, leur

escorte se compliqua d'un fort détachement de gendarmerie d'élite, et la voiture
alla jusqu'à la place du village. Au retour
Ferdinand descendit devant la maison de
César et demanda un verre d'eau qui lui
fut apporté aussitôt. Les princes regagnèrent leur voiture, ce qui fit pousser un
soupir de soulagement à l'officier commandant l'escorte, l'incident fut aussitôt
rapporté à l'empereur.

Ce même jour arrivait à Bayonne le frère
du roi Charles IV, l'infant Don Antonio,
escorté ou plutôt gardé par Faudoas, aide-
de-camp de Murat.

Presque à la même heure arrivait aussi
un détachement de trente hommes de la
garde d'honneur de Pau, qui venaient par-
tager avec leurs collègues la garde du
château impérial.

8 Mai 1808

L'empereur déjeuna avec Joséphine, et
à 11 heures l'impératrice sortit en voiture
à quatre chevaux, ayant avec elle Mme
Maret. Elle alla visiter le roi et la reine
d'Espagne, et réussit à les entraîner à faire
avec elle une promenade en voiture. Un
second véhicule contenait le prince de la
Paix et sa fille, la duchesse de Alendia.
On se rendit ainsi à la Barre de l'Adour
et l'on revint par Anglet. On rentrait à
Bayonne vers quatre heures.

Napoléon passa en revue un bataillon

du 14ᵉ régiment provisoire d'infanterie. Il
fit plusieurs promotions parmi de vieux
officiers tirés de la réforme.

Le soir, l'empereur et l'Impératrice jouè-
rent au trictrac. Les infants d'Espagne
assistaient à la soirée.

9 Mai 1808

Le matin, à huit heures, Napoléon alla
visiter le camp de la garde impériale, puis
accompagné du général Duroc et de deux
gardes d'honneur, il descendit sur les bords
de la Nive. Au retour il passa devant la
maison de *Tosse*, où était placée la gendarmerie d'élite qui l'avait accompagné,
et ayant aperçu le général Savary il entra
dans l'enclos pour s'entretenir avec lui.

Dans l'après-midi le prince des Asturies
et son frère l'infant Don Carlos, accompagnés du duc de San Carlos, sortirent de
leur hôtel pour aller faire une promenade
à pied. Comme ils arrivaient à l'extrémité
de la rue, ils furent arrêtés par un gendarme déguisé qui les obligea à rentrer
chez eux. Une plainte fut aussitôt portée
contre le gendarme, et il fut démontré que
ce jeune soldat, qui venait d'arriver récem-
ment d'un département, avait seulement
déployé trop de zèle. Ferdinand VII inter-
céda en sa faveur auprès de l'empereur,
et Sa Majesté Impériale consentit à lui
faire rendre la liberté après lui avoir fait
donner, par son chef, une bonne admones-
tation.

A midi arrivait à Bayonne la reine d'Etrurie, fille de Marie-Louise, et son fils l'Infant Don Francisco, accompagné par le prince de Monaco, aide de camp de Murat. C'était les deux derniers membres de la famille royale d'Espagne.

La soirée fut la dernière que le prince des Asturies et les infants passèrent au château de Marrac.

10 Mai 1808

A huit heures du matin, l'empereur, accompagné de Berthier, de Duroc et de quelques officiers, arriva à pied par le jardin du château, sur l'esplanade qui s'étendait en avant du camp de la garde impériale. Il y trouva, rangés en bataille, l'escadron des chevau-légers polonais, auquel il commanda différents mouvements. Mais mécontent de l'instruction militaire de ces brillants cavaliers, il les remit sous la direction du général Durosnel, recommandant à celui-ci de commencer par l'école du soldat.

A cinq heures, les trois infants d'Espagne arrivèrent à Marrac, où ils étaient invités à dîner pour la dernière fois. Le soir même Napoléon écrivait à son frère Joseph pour lui offrir le royaume d'Espagne. Il lui disait de remettre la régence de Naples à qui il voudrait, et de se mettre aussitôt en route pour Bayonne, où il était impatiemment attendu.

11 Mai 1808

A six heures du matin, Ferdinand VII,
les infants et une suite nombreuse quit-
.taient Bayonne pour se rendre à Valençay,
qui avait été le lieu choisi par Napoléon
pour leur exil. Les voitures étaient escor-
tées par un escadron de gendarmerie.

A onze heures l'empereur alla de nouveau visiter l'Arsenal Maritime, où il
donna plusieurs ordres relatifs à diverses
constructions navales qu'il voulait voir
mettre sur chantier.

Le ministre Maret, qui habitait l'hôtel
de Brethous, aujourd'hui Chambre de
Commerce, donna un diner auquel assistaient les dames de l'Impératrice, Mmes de
Montmorency-Mattignon et Gazzani, les
députés polonais et le général préfet de
Castellane.

Le soir le château de Marrac recevait
pour la dernière fois les vieux souverains
d'Espagne, car le roi Charles IV, la reine
Marie-Louise, la reine d'Etrurie et l'infant
don Francisco, avaient été invités à diner
par l'empereur.

Contre l'habitude de Napoléon, le diner
dura plus d'une heure, car il s'amusait à
faire causer le bon Charles IV. A neuf
heures, les souverains d'Espagne prirent
congé et regagnèrent le palais du Gouvernement.

A minuit, le tocsin sonna en ville, et
tout le monde fut sur pied pour éteindre

un incendie qui venait de se déclarer.
L'empereur, qui n'était pas encore couché,
voulait monter à cheval pour se rendre
sur les lieux, car on craignait un enlève-
ment de Leurs Majestés Catholiques.

Mais il n'y avait pas là l'ombre d'une
conspiration, et le feu fut bientôt éteint.
C'était le vieux couvent des Dames de la
Foi, situé dans la rue Sabaterie, qui avait
brûlé, mais sans qu'il y eut aucun acci-
dent de personnes. La garde impériale
regagna ses tentes et Napoléon son cabinet de travail.

12 Mai 1808

A huit heures du matin, Napoléon monta
à cheval, et accompagné des généraux
Duroc et Lebrun, se rendit aux Allées-
Marines, pour assister à l'appareillage de
la Mouche n° 1.

Le matin à six heures le roi Charles IV,
la reine Marie-Louise, l'infant Don Francisco et l'inséparable Godoï, montaient en
voiture pour se rendre à Fontainebleau,
où ils devaient demeurer en attendant que
le château de Complègne eut été mis en
état. Ils n'avaient avec eux qu'un petit
nombre de serviteurs, et quoique l'heure
fut matinale, la population de Bayonne
était tout entière aux portes et aux fenêtres pour saluer une dernière fois ces
souverains détrônés. A la limite du département, le général de Castellane leur
souhaita un bon voyage de la part de

l'empereur, et le cortège royal continua sa route avec une escorte de gendarmerie.

L'après-midi, l'empereur et l'impératrice descendirent sur les bords de la Nive. Le soir il y eut cercle ordinaire dans le salon de Joséphine.

13 Mai 1808

A huit heures, l'empereur à cheval, accompagné du général Duroc et de deux pages, de chevau-légers polonais et de gardes d'honneur, se dirigea sur Cambo. Il traversa rapidement Ustaritz et fut charmé de la situation merveilleuse de cette admirable station balnéaire. Il fit choix d'un emplacement qui lui parut convenir à l'établissement d'un hospice pour le prompt rétablissement de ses soldats blessés. Il se rafraîchit dans la meilleure auberge du lieu et rentrait à Marrac dans l'après-midi.

Le soir il y eut cercle ordinaire chez l'impératrice, et Sa Majesté joua au trictrac avec le préfet de Basses-Pyrénées et le comte de Fernan Nunez.

14 Mai 1808

Le matin à huit heures, Napoléon alla passer en revue, sur les glacis, une batterie d'artillerie à cheval qui se disposait à partir pour l'Espagne. Puis, accompagné du général Duroc, il traversa la ville et alla dans les chantiers de construction Baudry, voir la Mouche qu'il avait commandée à cet habile maître. Il se rendit ensuite au Boucau, et conduit par M. Bourgeois, pilote-major, il voulut aller visiter l'ancien lit de l'Adour, dont une partie était encore visible. Il donna des ordres pour qu'il fut établi un mât d'approche, et descendant ensuite sur la jetée du Nord il examina les pièces de 24 qui l'armaient et voulut qu'il y fut ajouté un mortier à la Gomer. Il était de retour à Marrac à six heures.

Pendant son absence l'impératrice, accompagnée de Mme Maret et de son écuyer le général Ordener, était allé s'embarquer sur les bords de la Nive dans la belle péniche de Napoléon. Le robuste équipage qui la montait n'eut pas de peine à refouler son courant. L'impératrice, enchantée de la beauté du paysage qui se déroulait devant ses yeux, se fit descendre à terre près des premières nasses et examina de ce point le lit de la rivière considérablement rétréci. Puis, ayant regagné son embarcation, elle entra à Marrac presque en même temps que l'empereur.

15 Mai 1808

Cette question de Mouches préoccupait fortement l'empereur ; à neuf heures du matin, accompagné des généraux Duroc et Bertrand, il montait à cheval et se rendait à l'Arsenal Maritime. Il examina les quantités énormes de bois de construction qui pourrissait sur place, puis il revint à Marrac et ne sortit plus de la journée.

Le même jour il donnait ordre à M. de Tascher, son officier d'ordonnance, de partir aussitôt de Bayonne pour Toulon pour y examiner l'état de la flotte.

16 Mai 1808

Le matin, l'empereur et l'impératrice assistèrent à la messe dans la chapelle de Marrac, où le service divin fut fait par l'abbé de Pradt, évêque de Poitiers et aumônier de Napoléon.

Dans l'après-midi il monta à cheval et fit une nouvelle visite à l'Arsenal Maritime, où il assista à l'appareillage de la Mouche n° 6. Celle-ci, placée sous le commandement du lieutenant de vaisseau Ducrest de Villeneuve, devenu plus tard amiral, fit heureusement cette extraordinaire traversée de Bayonne à Batavia, dont la curieuse relation a été publiée.

Le même jour Napoléon écrivit à l'amiral Decrès, ministre de la marine, une longue lettre sur les Mouches et sur l'excellent parti qu'on en pourrait tirer pour le service de la poste et des dépêches pour les colonies.

17 Mai 1808

Après son déjeuner, Napoléon sortit de Marrac en voiture avec l'impératrice, le général Duroc et Madame de Montmorency. Il alla s'embarquer à la cale du

Moulin dans la péniche impériale et remonta le cours de l'Adour. Les promeneurs débarquèrent à la pointe de l'île de Roll, et un déjeuner champêtre y fut servi. L'empereur se promena dans l'île accompagné du fermier qui, ancien soldat, lui donna des explications sur toutes les questions qu'il lui posa. Des fruits produits dans l'île lui furent offerts en présent, puis l'embarcation impériale reprit le chemin de Bayonne.

Le soir il y eut cercle ordinaire chez l'impératrice, et le général de Castellane joua au trictrac avec la reine d'Etrurie, tandis que Joséphine faisait son éternelle partie de whist.

18 Mai 1808

Après une promenade matinale dans le parc de Marrac, Napoléon monta à cheval et accompagné du maréchal Berthier et du général Duroc, il sortit vers dix heures pour se rendre à Saint-Jean-de-Luz. Dès la veille, il avait fait prévenir qu'il ne voulait aucune sorte de réception officielle, car il se proposait d'y revenir avec l'impératrice.

Arrivé dans la jolie ville basque, l'empereur alla visiter le Socoa et fut frappé de l'étendue de la rade, dont il remarqua le peu de défense contre les attaques des Anglais. Puis il monta sur le Bordagain et examina la mer avec sa lunette de poche. Ce fut en ce moment qu'il aperçut

deux navires de la croisière anglaise pour-
suivant, en tirant leur canon de chasse, un
lougre corsaire du port de Saint-Jean-de-
Luz. Ce dernier se dirigeait, toutes voiles
dehors, vers l'embouchure de l'Adour, où
il entra avec la rapidité d'une flèche, tandis que le gros calibre de la batterie du
Nord faisait entendre sa puissante déto-
nation. Napoléon visita rapidement Cibou-
re et reprit le chemin de Bayonne après
un moment d'arrêt pour faire reposer
l'escorte au relais de Bidart. Il était rentré
à Marrac à six heures du soir.

19 Mai 1808

Le matin à huit heures, Napoléon passa
en revue, sur l'esplanade de Marrac, les
bataillons de la garde impériale. Après le
déjeuner il sortit à cheval et alla visiter
le Château-Neuf d'abord et le Château-
Vieux ensuite. De là il se rendit au Réduit
et trouva cet amas de constructions anti-
ques propres à être abattues. Le Château-
Vieux n'obtint pas non plus grâce à ses
yeux, car il le visita en détail, et l'ayant
trouvé inutile, il se proposa de le donner à la ville de Bayonne pour qu'il fut
rasé, ce qu'il fit quelques jours après dans
un décret impérial daté de Bayonne en
1808.

Puis remontant à cheval, il alla, en lon-
geant les Allées-Marines jusqu'à la Barre,
où il s'arrêta environ dix minutes, et revint
aussitôt au château de Marrac.

20 Mai 1808

Le matin, à son lever, Napoléon reçut MM. de Musquiz, de Frias et de Médina Cœli.

Après son déjeuner, l'empereur sortit de Marrac à cheval accompagné de Duroc, grand maréchal du Palais, de son premier écuyer, de quelques pages et piqueurs. Il arriva sur les glacis où se trouvaient rangées les deux brigades de transport et des équipages impériaux qui venaient d'arriver d'Espagne, où ils étaient allés jusqu'à Burgos. Napoléon se croyant obligé, au début des affaires d'Espagne, de pousser jusqu'à cette dernière ville.

Escorté par la gendarmerie d'élite et par la compagnie des guides du grand quartier général aux brillants uniformes, ils étaient arrivés à petites journées et devaient, après quelques jours de repos, repartir pour Paris. Là se trouvait la brigade des chevaux de selle de l'empereur, les voitures de course, calèches d'officiers, calèches de bureau, calèches pour la chambre, pour les domestiques et pour la bouche, fourgons pour les vivres, l'argenterie, etc. Puis venait le personnel, maîtres d'hôtel, valets de chambre, cuisiniers, valets de pied, palefreniers, bourreliers et maréchaux. Après une rapide inspection, il vit défiler le cortège qui se rendit à Saint-Esprit, et lui-même rentra aussitôt à Marrac.

21 Mai 1808

Le matin Napoléon monte à cheval et
fut promener jusqu'à Biarritz, accompagné
de son escorte ordinaire.

Le préfet des Basses-Pyrénées fournit à
l'impératrice le coureur basque qu'elle lui
avait demandé et qui la suivit lorsqu'elle
quitta Bayonne.

Dans l'après midi arrivaient à Bayonne
les tête de colonne des régiments portugais que, par ordre de l'empereur, le général Junot envoyait en France pour servir
parmi les troupes françaises.

22 Mai 1808

A neuf heures du matin, Napoléon et
Joséphine sortirent de Marrac dans une
voiture attelée de quatre chevaux. L'escorte, plus nombreuse que d'habitude, était
composée de chevau-légers polonais et de
gardes d'honneur à cheval de Bayonne.
Le préfet, général de Castellane, galoppait
à la portière de l'empereur.

Le cortège impérial prit la route de
St-Jean-de-Luz, où leur arrivée fut saluée
avec des cris d'enthousiasme. Le canon
tonnait et les cloches sonnaient à toute
volée. Un très bel arc de triomphe avait
été dressé et portait de nombreuses inscriptions. Pendant que Napoléon, accompagné de Berthier, de Duroc et des
inspecteurs généraux des Ponts et Chaussées Prony et Sganzin, se dirigeait vers

le port, l'impératrice descendait à *Grange-baithia,* y recevait les autorités qui y avaient fait dresser un bel ambigu. Des jeunes filles lui présentèrent des gerbes de fleurs et des bouquets. Puis elle alla visiter la maison dite de Louis XIV et l'église de Saint-Jean-de-Luz. Vers trois heures de l'après-midi, les souverains remontaient en voiture et rentraient à Marrac à cinq heures environ.

23 Mai 1808

Ce même jour M. d'Oms, officier de la garde d'honneur à cheval de Bayonne, et neveu du général de Castellane, préfet des Basses-Pyrénées, fut nommé sous-lieutenant de hussards.

Le soir, au cercle de l'impératrice, M. de Castellane joua au trictrac avec Sa Majesté Impériale. Napoléon ne sortit pas de son cabinet.

24 Mai 1808

Le matin, Napoléon donna audience à M. de Lacuée, administrateur en chef de la succession de Portugal, et qui partait pour Lisbonne rejoindre le général Junot.

A huit heures, l'empereur monta à cheval, et accompagné du général Bertrand, alla de nouveau visiter l'Arsenal Maritime et les chantiers de construction. Puis il eut une longue conférence avec le commissaire ordonnateur et les ingénieurs. Il était de retour à Marrac à onze heures.

L'après-midi, l'empereur monta en voiture avec l'impératrice, et alla visiter de nouveau le Château-Vieux. Puis ils se rendirent à la Barre, et les souverains étaient de retour à six heures au château impérial.

25 Mai 1808

Le matin, de bonne heure, Napoléon fit sa promenade habituelle dans le parc de Marrac, puis il rentra au château et ne sortit plus de la journée, car il travailla plus de quinze heures dans son cabinet. Ce fut ce jour qu'il donna l'ordre d'armer la frégate la *Comète*, qui se trouvait dans le port de Passage, pour lui faire tenter l'entrée de la Barre. Ce navire était une frégate de 44, et de tous les marins, il était dit que son tonnage s'opposerait au projet de l'empereur.

26 Mai 1808

Le matin, partait de Bayonne pour Madrid, le général Lebrun, aide de camp de l'empereur, qu'il venait de charger d'une importante mission.

Après son déjeuner, Napoléon sortit à cheval avec le général Duroc, et alla s'embarquer dans sa péniche qui l'attendait à la cale du Moulin. La belle embarcation descendit rapidement le cours de l'Adour et arriva bientôt au Boucau, où l'empereur trouva le pilote major Bourgeois. Il gravit la colline sur laquelle on était à même

de dresser le mât d'approche qu'il avait
ordonné. Puis il revint sur la jetée du
Nord, eut une conférence avec les inspecteurs des Ponts et Chaussées Prony et
Sganzin, et reprit dans sa péniche le chemin de Bayonne. Il dîna avec l'impératrice et quitta son cercle de bonne heure
pour aller se livrer au travail.

27 Mai 1808

Arrivée à Bayonne du régiment des lanciers polonais, fort de 900 hommes, et
allant en Espagne sous le commandement
du colonel Konopka.

Ce même jour Napoléon eut une longue
conversation avec le préfet des Basses-
Pyrénées relativement à la longueur de
la chaîne de montagnes et des chemins
entre Bayonne et Perpignan. En même
temps le général Savary faisait manœuvrer, sur les glacis, un régiment provisoire d'infanterie et le régiment des lanciers polonais.

Le soir, M. de Castellane reçut une lettre du général Duroc, grand maréchal du
palais, lui donnant l'ordre de se disposer
à donner à dîner tous les jours à trente
membres de la Junte d'Espagne qui allait
arriver à Bayonne sur l'ordre de Napoléon.

28 Mai 1808

Le matin, l'empereur passa en revue le
régiment des lanciers polonais, dont la
belle tenue et l'instruction militaire firent

l'objet de sa haute approbation. Un moment après, il recevait au château de Marrac une délégation du Conseil municipal de Bordeaux, conduite par le maire.

L'après-midi, Napoléon et Joséphine, montant en voiture, allèrent promener jusqu'aux premières maisons d'Ustaritz. Pendant ce temps le préfet de Castellane s'occupait de faire aménager l'ancien palais épiscopal pour servir de salle de séances à la Junte d'Espagne, dont les membres étaient attendus.

29 Mai 1808

Le matin, Napoléon eut une longue conférence avec le marquis de Sassenay, qu'il avait fait venir à Bayonne pour le charger d'une importante mission auprès de M. de Liniers, vice-roi de la Plata. Un moment après il reçut l'amiral Mazzaredo et lui fit remettre aussitôt après son portrait enrichi de diamants.

L'après-midi, Napoléon se rendit à l'Arsenal Maritime et visita le brick le *Consolateur*, qui devait emporter le marquis de Sassenay. C'était un joli navire de 90 tonneaux, portant 8 caronades et 40 hommes. L'empereur s'entretint longtemps avec le lieutenant de vaisseau Dauriac, de Bayonne, qui le commandait. Au moment où il descendait à terre, le brick dérapait et allait jeter l'ancre à l'anse de Blancpignon, car il devait prendre la mer le lendemain. Le soir, le préfet de Castellane commença à donner à dîner aux trente Espagnols de la Junte. Des ordres semblables avaient été donnés au prince de Neufchâtel, qui était établi à *Saint-Forcet*, à M. de Champagny, qui était établi à *Largenté*, et à M. Maret, qui habitait la maison Cabarrus.

30 Mai 1808

L'après-midi, Napoléon se rendit à cheval à la Barre, où il arriva au moment même où le brick le *Consolateur*, qui emportait le marquis de Sassenay, franchissait la passe. Au loin blanchissaient les voiles de la croisière anglaise, à laquelle le léger navire eut le bonheur d'échapper.

Le même jour arrivait à Bayonne le prince de Hohenzollern, allant rejoindre à Madrid le grand duc de Berg.

31 Mai 1808

Le matin, partit de Bayonne pour l'Espagne le 6e bataillon de marche, 2 pièces de canon et le régiment des lanciers polonais dont le dépôt fut placé dans un village des environs de Bayonne.

A midi, l'empereur et l'impératrice sortirent en voiture, ayant avec eux Mme Maret. Le général Ordener était à la portière de droite, et le général Duroc et Mme Gazzani suivaient dans une autre voiture. Le tout avec l'escorte ordinaire.

Le cortège impérial traversa Bayonne, monta la côte de Saint-Pierre et se rendit à Mouguerre, d'où l'empereur admira la belle vue qu'on découvre de ce point élevé.

On redescendit sur le bord de l'Adour par un chemin à peine tracé, et on arriva ainsi en face d'un groupe de pêcheurs se livrant à la pêche du saumon. L'empereur mit pied à terre et acheta aux pêcheurs un coup de filet. Par une coïncidence curieuse, plusieurs beaux poissons furent pris, mais Napoléon les abandonna aux pêcheurs et reprit bientôt, avec son cortège, la route de Marrac. L'histoire fut bientôt connue de tout Bayonne, et le lendemain la ville se disputait à haut prix les saumons de l'empereur.

1ᵉʳ Juin 1808

Cette journée devait marquer dans les fastes militaires de Bayonne. Le matin de bonne heure, l'empereur devait passer en revue les 1ᵉʳ, 2ᵉ et 3ᵉ régiments d'infanterie portugais, et deux régiments de cavalerie avec un escadron de chasseurs à cheval. Les hommes étaient petits, basanés, mais très robustes ; à la gauche était déployé le bataillon des fusiliers de la garde impériale.

Bientôt parut Napoléon accompagné du maréchal Berthier, du général Duroc et d'un brillant état-major. Il mit pied à terre devant les régiments portugais et fut reçu par le général Pamplona, qui les commandait. Après le défilé, les nouveaux alliés

se rendirent sur l'esplanade du château
de Marrac, où un banquet leur fut offert
par la garde impériale. Les tables avaient
été ornées de guirlandes de feuillages et
de fleurs. Après le repas, les Portugais se
mirent à exécuter leurs danses nationales
avec cette grâce et cette agilité commune
à tous les peuples de la Péninsule. Napoléon et l'impératrice assistèrent un moment
à ces jeux, puis se retirèrent. Le général
Pamplona dîna à Marrac.

Le même jour partait pour l'Espagne le
8e bataillon de marche et le 1er régiment
de la Vistule.

2 Juin 1808

A une heure, l'impératrice monta en
voiture avec son escorte ordinaire de chevau-légers polonais et de gardes d'honneur
à cheval de Bayonne. Elle était accompagnée de Mme Maret, dame du palais, et
du général Ordener, son premier écuyer.
Au point où commençaient les sables
d'Anglet, on trouva des cacolets; l'un d'eux
était destiné à l'impératrice, et c'était le
même qui, l'année précédente, avait servi
à la reine Hortense. L'impératrice y monta
avec Mme Maret et ne tarda pas à arriver
à la Chambre-d'Amour, où elle se fit raconter la légende des deux amants surpris par
la mer dans l'intérieur même de la grotte.
Après quelques moments de repos et une
promenade sur la plage, Joséphine reprit

sou cacolet et ne tarda pas à rentrer à Marrac.

Ce même jour entrait à Bayonne le brick de guerre l'*Oreste,* et M. de Castellane, préfet des Basses-Pyrénées, recevait le duc d'Osuna à sa table.

3 Juin 1808

Le matin à huit heures l'empereur fit, dans le parc, sa promenade habituelle, et revint par le camp de la garde impériale, où il assista au maniement d'armes exécuté par les fusilliers. Il déjeuna avec l'impératrice et, à midi, montant à cheval et accompagné par le général Duroc, il traversa, au pas, la ville de Bayonne. Après avoir suivi le pont de Saint-Esprit, il s'arrêta un moment à l'Arsenal Maritime et prit aussitôt la route du Boucau. Mais il ne fit que s'y arrêter, et précédé de deux gardes d'honneur, il arriva promptement à Tarnos. Il reprit bientôt le chemin de Marrac, où il rentrait à cinq heures du soir.

4 Juin 1808

A sept heures du matin, Napoléon sortit à cheval accompagné du prince de Neufchâtel, du général Duroc et d'un brillant état-major. Il se dirigea vers les glacis, où se trouvait déployé le 3e régiment de la Vistule, qui se disposait à entrer en Espagne, où il allait se couvrir de gloire. Napoléon descendit de cheval, fit ouvrir les rangs et examina soigneusement les hommes et les officiers. Il se livra même à l'égard de ces derniers à quelques critiques que l'histoire nous a conservées.

Après le défilé Napoléon alla faire une excursion sur la route de Bidart, et le soir, au cercle de l'Impératrice, il se mêla au jeu et tint un moment la banque au vingt et un.

Le même jour, M. de Castellane recevait à sa table M. de Cevallos et plusieurs grands d'Espagne.

5 Juin 1808

A midi, Napoléon sortit à cheval de Marrac, accompagné du général Duroc et d'un seul officier. Arrivé à la cale du Moulin, il y trouva sa péniche qui l'attendait, et dans laquelle il monta. Peu d'instants après il mettait pied à terre près de la tour des signaux, où il trouva le pilote-major, M. Bourgeois. Il causa assez longtemps avec ce dernier, et lui désignant plusieurs points blancs qu'on distinguait à l'horizon, il lui demanda si ce n'était pas la croisière anglaise. Sur sa réponse affirmative, il manifesta le désir de faire une promenade en mer, mais M. Bourgeois s'y opposa formellement, lui déclarant que le temps n'était pas sûr, et qu'il soufflait une brise de terre qui rendrait le retour périlleux. L'empereur parut contrarié, mais il ne répondit rien. Peu d'instants après il reprenait avec sa péniche la route de Bayonne.

Le matin était parti pour Pampelune le régiment polonais et un régiment de marche de 600 hommes. Le même jour le préfet général de Castellane recevait à sa table M. d'Azanza et quinze espagnols de la Junte.

6 Juin 1808

Napoléon sortit, selon son habitude, et fit sa promenade matinale dans le parc, accompagné du général Duroc. Il s'arrêta un moment au camp de la garde impériale, et vit manœuvrer l'escadron des chevau-légers polonais. Il parut satisfait du résultat, et félicita ensuite le général Durosnel, qu'il avait chargé de leur instruction.

Après le déjeuner il monta à cheval, et accompagné de Duroc et d'une petite escorte, il entra à Bayonne et mit pied à terre dans la cour d'entrée du palais du gouvernement, où il avait déjà logé, ainsi que les vieux souverains d'Espagne. Depuis plusieurs jours les ouvriers s'étaient emparés de l'édifice et le mettaient en état de recevoir un hôte nouveau. Napoléon parcourut les appartements et en fit une visite longue et minutieuse, puis remontant à cheval, il reprit rapidement la route du château de Marrac, d'où l'impératrice n'était pas sortie.

7 Juin 1808

Après sa promenade du matin, Napoléon sortit vers midi dans une voiture attelée de quatre chevaux. Il était accompagné par le général Duroc, grand maréchal du palais, et plusieurs officiers d'ordonnance galopaient aux portières ou derrière la voiture. L'escorte elle-même était plus nombreuse que d'habitude. Il traversa Bayonne dont toutes les rues et les places étaient bordées de troupes en grande tenue et formant la haie. A Saint-Etienne, la voiture impériale prit la route de Toulouse, et à quelque distance de Tarnos elle rencontra une berline de voyage qui s'avançait rapidement. La vue de la livrée impériale fit arrêter cette voiture, et le roi Joseph, qui arrivait de Naples, en étant descendu, monta dans la calèche de l'empereur. Bientôt le cortège reprenait sa marche, traversait Bayonne et s'arrêtait devant le château de Marrac.

Le roi Joseph fut reçu sur le perron par l'impératrice Joséphine, entourée les dames du palais. L'empereur dîna avec le roi de Naples, l'impératrice et le prince Berthier. Le soir il y eut réception dans le salon de Joséphine, où furent admis plusieurs personnages de l'ancienne cour royale d'Espagne. A dix heures le roi Joseph, suivi d'une brillante escorte portant des torches, quittait Marrac et descendait au palais de la Division, qui lui avait été destiné.

8 Juin 1808

Les autorités bayonnaises furent admises à présenter leurs hommages au roi

Joseph et le préfet des Basses-Pyrénées lui adressait un discours que l'histoire nous a conservé. L'impression produite par le nouveau roi Catholique sur les grands d'Espagne avait été des meilleures, et ces hauts personnages se félicitaient déjà tout haut de l'avoir pour roi.

Dans l'après-midi, Napoléon se rendit à cheval à la Barre, et comme la mer était très calme, il monta dans la chaloupe du pilote-major et voulut, de ses propres mains, sonder la profondeur de la passe, car il attendait la frégate la *Comète*, qui était à Passages, et qu'il voulait faire entrer dans le port de Bayonne, où il la destinait à servir de machine à mâter.

9 Juin 1808

Après avoir déjeuné avec l'impératrice, Napoléon sortit à cheval en compagnie du général Duroc et avec son escorte, il prit la route des Pontots, fit plusieurs temps d'arrêt, et passant par les dunes du Pressoir, gagna Blancpignon. Il arrivait à la Barre au moment où M. Bourgeois allait s'embarquer pour sonder la passe. Il s'embarqua avec lui, et assista encore à cette opération, qui avait pour lui un si grand intérêt. Napoléon fit remarquer que l'entrée était assez profonde pour permettre le passage d'une frégate. M. Bourgeois lui répondit qu'il serait en effet facile à une frégate de petit tonnage d'entrer dans le fleuve après avoir déchargé son artillerie, mais qu'il ne voyait pas comment elle pourrait faire pour en sortir. L'empereur répondit qu'il aviserait, mais qu'il ne quitterait certainement pas Bayonne sans avoir tenté l'expérience. Puis revenu à terre, il remonta à cheval et routra à Marrac à cinq heures du soir.

10 Juin 1808

L'empereur sortit à Midi du château de Marrac avec le général Duroc et son escorte ordinaire. Il traversa rapidement Bayonne, Saint-Esprit, et ne tarda pas à arriver au Boucau, où M. Bourgeois, pilote-major, prévenu d'avance, l'attendait. L'empereur se rendit à la batterie de la jetée du Nord, où l'on fit diverses expériences d'artillerie. Puis il remonta à cheval en disant que la prochaine fois qu'il reviendrait, il voulait que les canonniers eussent à s'exercer devant lui sur un but mobile.

Le soir, Napoléon donnait l'ordre au général Clarke de faire partir en poste, pour Bayonne, deux bataillons de la garde de Paris.

11 Juin 1808

Ce jour, dans la matinée, Napoléon donna audience à un Espagnol de haute taille, richement vêtu à l'orientale, et portant le nom d'Ali-Bey-el-Abassi. Il avait été chargé d'une mission dans les pays d'Orient et au Maroc, par le prince de la Paix. L'empereur le mit en relation avec M. de Baussel, préfet du palais.

Dans l'après-midi Napoléon monta à cheval. et accompagné du général Duroc, se dirigea vers Biarritz, où il arriva à trois heures après-midi. Une tente élégante avait été dressée sur la plage, et Napoléon prit un bain de mer 'tandis que de nombreux marins biarrots se tenaient prêts à tout événement. Mais la mer était calme et semblait sourire au puissant empereur. Au loin, on apercevait les voiles blanches de la croisière anglaise. Il était revenu à Marrac à six heures du soir.

Ce même jour fut lancée, par le roi Joseph, sa proclamation au peuple espagnol. Le soir il y eut cercle ordinaire chez l'impératrice, et on y joua gros jeu au vingt-et-un.

12 Juin 1808

A sept heures du matin, Napoléon sortit de Marrac dans une voiture attelée de quatre chevaux et accompagné du maréchal Berthier et de son escorte. On prit la route d'Espagne, et après avoir traversé Saint-Jean de-Luz, on arriva bientôt à la Croix des Bouquets, où l'empereur fit faire une courte halte. Le cortège ayant repris sa marche, s'arrêta un moment à Béhobie, où Napoléon examina le pont de bois jeté sur la Bidassoa. et qui avait déjà été traversé par un si grand nombre de ses soldats.

Vers midi, l'empereur arriva à Hendaye
et descendit dans la meilleure auberge du
lieu, où un bon déjeuner avait été commandé. Des rafraîchissements furent ser-
vis à l'escorte, et on reprenait bientôt la
route de Bayonne. L'empereur s'arrêta un
moment devant le château d'Urtubie, dont
le nom réveillait en lui des souvenirs de
jeunesse. Il avait fait ses premières armes
sous le colonel d'Urtubie, commandant le
régiment d'artillerie à La Fère. Il rentrait à Marrac à cinq heures du soir et
dîna avec l'impératrice et le roi Joseph.

Ce même jour le général de Castellane
recevait à sa table les dames du Palais et
le grand maréchal Duroc.

13 Juin 1808

A sept heures du matin, Napoléon sortait à cheval de Marrac, suivi des généraux
Duroc et Bertrand. Il traversa Bayonne et
prit au grand trot la route du Boucau, où
il ne s'arrêta que quelques instants. Il
gagna bientôt le bord de la mer et suivit
la marge des lames qui venaient quelquefois argenter les sabots de son cheval.
Il était accompagné de M. Bourgeois,
auquel il posa force questions, suivant sa
constante habitude.

On arriva à Capbreton vers dix heures,
et l'empereur fut reçu par le maire. Il
examina attentivement ce petit port et le
point où était autrefois l'embouchure de
l'Adour. Napoléon donna des ordres pour

qu'une batterie de côte qui se trouvait là fut plus puissamment armée. Puis reprenant la route du Boucau, où il ne fit qu'une courte halte, il était rentré à Marrac vers trois heures de l'après-midi.

14 Juin 1808

Cette journée fut encore une de ces solennités militaires comme on en vit tant dans notre ville pendant la glorieuse période de l'épopée. Le temps était magnifique, et sur les glacis les curieux purent admirer les troupes en grand uniforme et aux tenues les plus variées. Il y avait là un bataillon d'infanterie polonaise, un régiment provisoire d'infanterie de ligne, un des régiments de cavalerie légère de la division du général Lasalle, un régiment de cavalerie portugaise, les grenadiers, les chasseurs à pied et les fusilliers de la garde impériale, et deux batteries d'artillerie qui se disposaient à entrer en Espagne.

Napoléon parut avec son étincelant état-major, précédé et suivi d'une escorte aux uniformes éclatants. Il passa lentement sur le front des troupes et fit diverses promotions. Il s'arrêta plus particulièrement devant les Polonais et les Portugais, et commanda plusieurs manœuvres et le maniement d'armes. Puis les troupes défilèrent devant l'empereur, qui revint au château de Marrac, tandis qu'elles regagnaient leurs cantonnements.

15 Juin 1808

L'empereur fit sa promenade accoutumée dans le parc, et ne sortit pas du château de la journée.

Ce même jour eut lieu la première assemblée de la Junte d'Espagne, dont les membres étaient arrivés à Bayonne par ordre de Napoléon, et venaient de toutes les parties de l'Espagne. Elle fut tenue sous la présidence de M. d'Azanza, dans la grande salle de l'ancien palais épiscopal, que M. de Castellane, préfet des Basses-Pyrénées, avait fait aménager à cet effet.

Le soir le roi Joseph se rendit au château de Marrac, où il y eut cercle ordinaire dans le salon de l'impératrice.

16 Juin 1808

L'empereur monta à cheval avec le général Duroc, et accompagné par son escorte ordinaire, prit la route des Allées-Marines en traversant les Allées-Paulmy. En un temps de galop il eut bientôt poussé jusqu'à la Barre, laissant bien loin derrière lui les cavaliers qui le suivaient et qui n'étaient pas aussi bien montés que lui et son fidèle Duroc. Il examina longtemps la mer qui, très grosse, déferlait avec fureur sur le rivage. La croisière anglaise s'était mise à l'abri en prenant la haute mer, et, au bout d'une heure, l'empereur reprenait le chemin de Bayonne. Il rentrait à Marrac pour déjeuner avec l'impératrice, et ayant reçu plusieurs courriers d'Espagne et de Paris, il ne sortit plus de la journée.

17 Juin 1808

La journée s'annonçait belle et chaude, aussi à neuf heures l'empereur sortit à cheval accompagné de son escorte ordinaire et des généraux Bertrand et Duroc. Il se dirigea sur Biarritz, où il voulait encore prendre un bain de mer, car il s'était bien trouvé du premier. A midi, il était de retour à Marrac, et ne sortit plus de la journée.

18 Juin 1808

Journée pluvieuse. Après une courte promenade dans le parc, l'empereur rentra dans son cabinet et travailla avec ses ministres Maret et Champagny.

Le soir il y eut cercle ordinaire et jeu dans le salon de l'impératrice.

19 Juin 1808

Journée pluvieuse. L'empereur ne sortit pas du château de Marrac. Ce jour le général de Castellane, préfet des Basses-Pyrénées, reçut de Napoléon une gratification de 20,000 fr.

20 Juin 1808

Après sa promenade habituelle dans le parc de Marrac, l'empereur sortit à cheval avec le général Duroc et fut à Biarritz prendre un bain de mer. Il était de retour à Bayonne vers onze heures et demie et ne sortit plus de la journée. Le soir il donna l'ordre de former, dans notre ville, deux bataillons provisoires à six compagnies de 160 hommes chacune, destinées à l'armée de Portugal.

La matin était parti pour Pampelune, sous le commandement du colonel Piré, aide de camp du maréchal Berthier, le 9e escadron de marche, un régiment de la Vistule et 2 pièces de canon.

M. de Champagny recevait à sa table M. de Castellane et l'évêque de Poitiers, aumônier de l'empereur.

21 Juin 1808

Napoléon fut légèrement indisposé, ce qu'on attribua à un bain de mer, et ne sortit pas de la journée.

22 Juin 1808

A huit heures du matin, Napoléon sortit en voiture, accompagné du général Duroc et de son escorte ordinaire. Il se rendit à St-Jean-de-Luz où, suivant ses instructions, la chaloupe d'une trincadoure avait été préparée et munie d'un équipage d'élite. Il alla faire une courte promenade en mer, mais comme le temps devenait menaçant et que la mer grossissait à vue d'œil, on fut obligé de rentrer précipitamment, et l'empereur mit pied à terre au Socoa.

A trois heures de l'après-midi il était de

retour à Marrac avec une pluie battante, et son escorte, trempée jusqu'aux os, reçut un panier de bon vin pour se remettre. Le soir il y eut cercle ordinaire dans les salons de l'Impératrice, et Napoléon se retira de bonne heure pour se mettre au travail.

23 Juin 1808

La journée fut si pluvieuse, qu'après une courte et rapide promenade matinale, Napoléon ne sortit pas du château.

Le même jour arrivait à Bayonne, se rendant en Espagne, le 15ᵉ régiment d'infanterie de ligne et le 4ᵉ bataillon de la garde de Paris.

24 Juin 1808

La journée fut mauvaise pour l'empereur, qui fut légèrement indisposé et qui ne quitta pas ses appartements. Le prince Berthier alla passer en revue, sur les glacis, le 1ᵉʳ et le 2ᵉ bataillon d'un régiment polonais qui allait partir pour l'Espagne.

25 Juin 1808

A dix heures l'empereur, à cheval, accompagné des généraux Duroc et Bertrand, allait sur les glacis, passer en revue le 4ᵉ régiment d'infanterie légère, le 15ᵉ de ligne et le 4ᵉ bataillon de la garde de Paris. Ce corps devait faire partie de l'escorte qui allait accompagner en Espagne le roi Joseph. L'aspect de ces vieux régiments presque entièrement composés d'an-

ciens soldats, reposait un peu la vue des
régiments provisoires et des officiers sor-
tis de la réforme. Aussi Napoléon passa-t-il
sa revue à rangs ouverts et causa familiè-
rement avec plusieurs officiers et soldats
qu'il reconnaissait çà et là. A onze heures
et demie le défilé eut lieu et l'empereur
rentra à Marrac, où il déjeuna avec l'impératrice. Il ne sortit plus de la journée.

26 Juin 1808

Napoléon alla visiter, à cheval et accompagné du général Duroc, la charmante
propriété de *Lauga*, située sur les bords
de la Nive et appartenant à M. Fourcade.
Après l'avoir minutieusement examinée,
il la loua sur-le-champ pour sa sœur Caroline Murat, grande-duchesse de Berg, qui
était attendue à Bayonne. Le mobilier fut
trouvé suffisant par l'empereur, et il n'y
eut rien à y ajouter.

27 Juin 1808

Le matin de bonne heure partait pour
l'Espagne le 15° régiment d'infanterie de
ligne. Peu après l'empereur sortait de
Marrac à cheval, et accompagné du général Duroc se rendait à la Barre. Cette journée, qui était magnifique, avait été choisie
par Napoléon pour l'entrée dans l'Adour
de la frégate la *Comète*, à laquelle il voulait assister. Poussée par un bon vent et
couverte de voiles, la frégate attaqua vail-

lamment la passe, et après quelques coups de talon sur la quille, elle entra rapidement dans le fleuve où elle mouilla presque aussitôt, aux cris de : Vive l'Empereur ! de l'équipage et d'une foule innombrable accourue de toutes parts.

Dans l'après-midi, la princesse Caroline Bonaparte, grande-duchesse de Berg, arriva à Bayonne avec une suite peu nombreuse, et alla descendre dans la maison de *Lauya*, qui avait été préparée à son intention.

28 Juin 1808

Le matin après sa promenade habituelle dans le parc de Marrac, Napoléon sortit à cheval avec le général Duroc et accompagné de son escorte. Arrivé au Boucau, il aperçut un navire français vigoureusement chassé par la croisière anglaise, mais qui parvint à entrer dans l'Adour. C'était le corsaire l'*Amiral Martin*, capitaine Darribau, qu'il avait chargé d'une mission pour les Antilles, et qui avait accompli son voyage avec une invraisemblable rapidité. En même temps l'empereur avait une longue conférence avec un contre-maître hollandais qu'il avait fait venir des Pays-Bas, sur les moyens à employer pour faire entrer et sortir de l'Adour des navires de guerre de grand tonnage. Le soir il écrivit à l'amiral Decrès, ministre de la marine, une longue et curieuse lettre sur le port de Bayonne, précieuse pour l'histoire de notre ville.

29 Juin 1808

Le préfet des Basses-Pyrénées, général de Castellane, fut présenter ses hommages à la princesse Caroline Murat, dans sa maison de *Lauga*, mais il ne put être reçu, car la grande-duchesse, légèrement indisposée, avait besoin de repos.

Ce jour-là Napoléon ne sortit pas de Marrac, mais dans l'après-midi, accompagné d'un seul officier, il descendit sur le bord de la Nive et alla voir sa sœur la princesse Caroline.

30 Juin 1808

Cette journée fut fertile en événements. Le matin de bonne heure les bataillons de la garde de Paris partirent pour l'Espagne. Vers neuf heures l'empereur montait dans sa péniche qui, entraînée par son vigoureux équipage, descendit rapidement le fil de l'Adour. Il s'arrêta un moment à la tour des Signaux où il trouva le pilote-major, et après avoir examiné l'état de la mer, qui était calme, il lui dit qu'il voulait faire une promenade en mer.

Malgré l'avis de M. Bourgeois, qui craignait la croisière anglaise dont on apercevait les voiles, l'empereur s'embarqua et le pilote-major prit la barre du gouvernail. On franchit ainsi une certaine distance, mais quelques bâtiments légers de la croisière s'étaient rapprochés, et l'un d'entr'eux commençait déjà à tirer son canon de chasse. Le pilote-major trépignait d'impatience et d'inquiétude, lorsque Napoléon donna enfin l'ordre de rentrer. La légère embarcation sembla voler sur les flots, tandis que les canons de la batterie de côte faisaient entendre leurs puissantes détonations. La péniche entra enfin dans l'Adour et le navire anglais vira de bord avec grâce. Peu d'instants après Napoléon était rentré à Marrac.

Le général de Castellane fut admis à présenter ses hommages à la grande-duchesse de Berg, et ce même jour voyait finir les séances de la Junte d'Espagne.

1er Juillet 1808

Napoléon ne sortit pas de la journée. A midi, l'impératrice sortit en voiture accompagnée de Mme Maret et du général Ordener, son premier écuyer. Elle traversa lentement la ville de Bayonne, partout accueillie aux cris de : Vive l'Impératrice ! et saluant avec cette grâce et cette bienveillance qui lui gagnaient tous les cœurs. Elle franchit la porte Marine et alla promener aux allées, où elle descendit de voiture et fit quelques pas à pied, suivie de Mme Maret. Vers trois heures elle reprenait le chemin de Marrac, s'arrêta un instant devant les Glacis où manœuvraient des troupes, et rentra à Marrac.

Le soir il y eut cercle ordinaire dans le salon impérial, auquel était présent le roi Joseph et plusieurs grands d'Espagne.

2 Juillet 1808

A dix heures Napoléon sortit en voiture avec l'impératrice et le général Duroc et fut s'embarquer dans sa belle péniche, qui l'attendait à Saint-Léon. La marée remontait avec force, mais le vigoureux équipage refoula aisément le courant, tandis que les ponts et les quais étaient couverts de toute la population bayonnaise, qui faisait retentir l'air de ses cris de joie. Arrivée à la pointe du Réduit, la péniche tourna court et fut aussitôt emportée comme une flèche par le courant. On passa bientôt l'île de Lahonce, le port d'Urt et Hourgave, où l'empereur voulut descendre, ainsi que l'impératrice. Après une assez longue halte on reprit le chemin de Bayonne avec le renversement de la marée. Une voiture attendait Leurs Majestés à la cale du Moulin, et on ne tarda pas à rentrer à Marrac.

3 Juillet 1808

Napoléon fit sa promenade habituelle dans le parc. A onze heures il sortit à cheval avec le général Duroc et prit la route de Biarritz, sur laquelle il fut bientôt rejoint par la voiture de l'impératrice, qui avait avec elle Mme Marct. On arriva ainsi à la Chambre d'Amour, sur la plage de laquelle l'empereur se promena un moment en tenant Joséphine par la main. Ce fut en ce moment qu'arriva cet incident qui a été déjà raconté de cent façons différentes. Napoléon poussa brusquement l'impératrice dans la vague qui déferlait doucement, et lui fit prendre un bain de pieds involontaire, ce qui eut le don de le faire rire aux éclats. Bientôt on reprenait la voiture et on rentrait au château, où il y eut cercle ordinaire dans le salon impérial.

Le même jour arrivait d'Espagne le prince Murat, assez malade pour avoir été porté en litière de Madrid à Bayonne par sa compagnie de chasseurs basques. Il alla descendre dans la maison de *Lauga*, sur le bord de la Nive, où était déjà la grande-duchesse de Berg, venue à Bayonne dans l'espoir de recueillir un trône.

4 Juillet 1808

A sept heures du matin, l'empereur sortit de Marrac par la porte du parc, accompagné du général Duroc, d'officiers d'ordonnance et de son escorte ordinaire Il prit la route d'Espagne, tourna à la Négresse et traversa le village de Biarritz. Il monta sur le plateau de l'Atalaye et examina pendant quelques instants la mer et la croisière anglaise, que l'on apercevait à l'horizon. Puis il revint rapidement à Marrac, où il était rentré vers onze heures.

Dans l'après-midi, l'impératrice sortit en voiture attelée de quatre chevaux, ayant avec elle le général Ordener et Mme Maret.

Elle entra à Bayonne par la porte d'Espagne, et fit passer sa voiture dans toutes les petites rues du Bourgneuf. A quatre heures elle rentrait à Marrac saluée par les cris enthousiastes de la population.

5 Juillet 1808

Le matin, après sa promenade habituelle dans le parc, Napoléon sortit en voiture avec Joséphine. Ils étaient accompagnés du général Duroc et de Mme de Montmorency Matignon. Le service d'escorte était fait par la garde d'honneur à cheval de Bayonne et la gendarmerie d'élite. Arrivé à Blancpignon, Napoléon voulut que la voiture suivît la crête supérieure des dunes qui cotoyaient l'Adour, et il ne fallut pas moins que les efforts des quatre vigoureux chevaux pour mener à bien ce caprice impérial. Napoléon mit pied à terre à la tour des signaux et y demeura un instant en conférence avec le pilote-major, tandis que l'impératrice se promenait sur le bord de la mer.

Le soir il y eut un dîner de gala au château de Marrac. A la table impériale étaient le nouveau roi d'Espagne, Berthier, Maret, Champagny, le vénérable archevêque de Burgos et plusieurs grands d'Espagne faisant partie de la Junte rassemblée à Bayonne. L'empereur s'entretint avec plusieurs personnes et notamment avec l'archevêque de Burgos.

6 Juillet 1808

Le préfet de Castellane reçut à sa table l'archevêque de Burgos, les évêques de Poitiers et de Bayonne et le duc de Frias.

A huit heures du matin Napoléon, accompagné du général Duroc, était allé s'embarquer aux Allées-Marines dans sa belle péniche blanche décorée à la proue de son aigle d'or aux ailes éployées. On arriva bientôt à la tour des Signaux, du sommet de laquelle Napoléon examina longuement la mer. Après une station assez prolongée, l'empereur remonta dans sa péniche et reprit bientôt le chemin de Marrac. Le soir il y eut cercle de l'impératrice, auquel se trouvaient le roi Joseph et plusieurs des grands dignitaires de sa nouvelle cour.

7 Juillet 1808

Le matin, à son lever, on présenta à Napoléon la Constitution d'Espagne, qui avait d'ailleurs déjà obtenu toute son approbation. Le matin de bonne heure étaient partis pour Irun cent hommes de l'escadron des lanciers de Berg, qui devait former la cavalerie de l'escorte du roi Joseph. Le préfet de Castellane s'était rendu à *Lauga*, sur la Nive, pour présenter ses hommages au prince Murat, mais celui-ci était trop fatigué pour qu'il pût le recevoir.

Vers midi, Napoléon sortit à cheval et

alla promener sur la route de Cambo, où il s'arrêta seulement en vue d'Ustaritz. Peu d'instants après il était rentré au château de Marrac.

- Le même jour la Junte avait proclamé Joseph Napoléon roi d'Espagne, et la publication en fut faite dans les rues de la ville. Le protocole qui énumérait les titres nombreux des descendants de Charles-Quint ayant mentionné le duché de Bourgogne, attira à Joseph une verte remontrance de la part de son impérial frère, qui ne voulut jamais consentir à le lui laisser porter désormais.

8 Juillet 1808

Le matin partirent pour l'Espagne les cinquante hommes restant de l'escadron des chevau-légers de Berg, qui devait servir à l'escorte du roi Joseph.

Vers huit heures du matin, Napoléon descendit sur les bords de la Nive et alla à *Lauga* voir son beau-frère le prince Murat. Dans l'après-midi le préfet de Castellane alla aussi visiter Murat et en fut reçu avec bienveillance. Le soir il y eut un grand dîner au château de Marrac, auquel assistèrent le roi Joseph et ses ministres. L'empereur se retira de bonne heure avec son frère, qui le suivit dans son cabinet, où ils demeurèrent longtemps enfermés. Il était près de minuit lorsque le nouveau roi d'Espagne, remontant en voiture, regagnait le palais du Gouvernement.

9 Juillet 1808

A neuf heures du matin l'empereur sortait à cheval, accompagné du prince Berthier et du grand maréchal Duroc. Il entra à Bayonne et se rendit à l'hôtel du Gouvernement, où peu d'instants après il montait en voiture avec son frère le roi d'Espagne. Plusieurs autres voitures suivaient, portant les ministres et les principaux personnages de la cour. Quant aux membres de la Junte, ils étaient partis la veille pour Irun. On arriva ainsi au relais de poste de Bidart, et pendant qu'on changeait les chevaux Napoléon embrassa son frère, et détachant lui-même une petite croix de la Légion d'honneur qu'il portait à Austerlitz, il la remit au roi Joseph. Puis l'empereur monta à cheval et attendit que le cortège eut défilé devant lui ; il reprit au galop le chemin de Bayonne et ne tarda pas à rentrer à Marrac.

Le matin était parti de Bayonne pour l'Espagne un bataillon provisoire de six compagnies à 100 hommes. L'après-midi le préfet de Castellane fut visiter le grand-duc et la grande-duchesse de Berg. Le soir il y eut cercle ordinaire à Marrac, auquel assistèrent les comtes de Rosencrantz et de Beust, envoyés du Danemark.

10 Juillet 1808

A huit heures du matin Napoléon, accompagné d'un seul officier d'ordonnance, sortit de Marrac et descendit sur les bords de la Nive, se dirigeant vers *Lauga*, où habitait son beau-frère le prince Murat et sa femme Caroline Bonaparte. Ils eurent une assez longue conférence, et lorsqu'elle fut terminée le grand-duc de Berg monta en voiture et quitta Bayonne se dirigeant sur Pau pour aller, de là, essayer de rétablir, aux eaux de Barèges, sa santé ébranlée par le climat de Madrid.

L'empereur rentra aussitôt à Marrac et ne sortit pas de la journée.

11 Juillet 1808

A huit heures du matin, Napoléon sortit de Marrac à cheval, accompagné du général Duroc et de son escorte. Il traversa rapidement Bayonne et entra à l'Arsenal Maritime où il fit une longue visite aux chantiers de construction. Il examina avec attention une mouche nouvellement construite et qui était au moment d'appareiller pour les Antilles. Il était de retour à Marrac à 10 heures et ne sortit plus de la journée.

12 Juillet 1808

Le matin partaient de Bayonne pour l'Espagne, 200 dragons commandés par M. de Tascher, aide de camp du roi Joseph.

A neuf heures du matin l'empereur et l'impératrice, accompagné du général Duroc et de Mme Maret descendait sur le bord de la Nive où attendait la péniche impériale. L'embarcation descendit rapidement les eaux de la rivière, doubla la pointe du Réduit et commença à remonter l'Adour. Un tendelet de toile rayée avait été étendu sur l'arrière de la péniche. Arrivé au port d'Urt l'empereur donna l'ordre d'accoster et mit pied à terre, ainsi que Joséphine. Napoléon alla jusqu'au village qui s'étend à quelque distance de la rive, tandis que l'impératrice l'attendait en se reposant. L'équipage suffisamment rafraîchi, la péniche recommença à voler sur les flots. A quatre heures, Leurs Majestés étaient de retour à Marrac et ne sortirent plus de la journée.

13 Juillet 1808

La princesse Caroline Murat alla, ce même jour, prendre un bain de mer à Biarritz, à la suite duquel elle fut légèrement indisposée.

Napoléon ne sortit pas du château, et plusieurs courriers qui avaient porté des dépêches de Paris et de Madrid furent expédiés dans la journée. L'après-midi il promena dans le parc de Marrac avec le maréchal Berthier et rentra au château pour ne plus sortir de la journée.

14 Juillet 1808

Le matin, à l'aube, partaient de Bayonne pour l'Espagne le 44ᵉ régiment d'infanterie de ligne et le 13ᵉ escadron de marche.

A huit heures Napoléon sortait avec

Joséphine du château de Marrac, ayant dans leur voiture Mme de Montmorency-Matignon et le général Duroc. Une calèche contenant plusieurs domestiques suivait la voiture impériale. Le cortège prit la route de Cambo et ayant rapidement traversé Ustaritz, arriva bientôt dans cette charmante station balnéaire dont la situation pittoresque avait déjà séduit Napoléon.

Un déjeuner champêtre fut servi sur l'herbe de la belle avenue d'arbres centenaires qui joint l'établissement de bains, et l'empereur remonta ensuite quelque peu le cours de la Nive, qui coule en sautant sur un lit de rochers. Il passa un moment à regarder un jeune homme qui pêchait des truites, et voulut essayer lui-même son adresse. Mais après un essai infructueux il rejoignit l'impératrice, remonta en voiture et regagna le château de Marrac. Le soir il y eut cercle ordinaire dans le salon de Joséphine.

15 Juillet 1808

Après sa promenade du matin dans le parc, Napoléon rentra dans son cabinet de travail où il reçut successivement ses ministres Maret, de Champagny, et le prince de Neufchâtel, mais il ne sortit plus de la journée. Le soir il écrivit à son ministre de la marine, l'amiral Decrès, une curieuse lettre sur les mouches que, par son ordre, on construisait à Bayonne et qu'il voulait voir exécuter dans tous. ses ports de l'Océan, afin d'obtenir une facile communication avec ses colonies.

16 Juillet 1808

Napoléon ne sortit pas de la matinée, mais à midi il quittait Marrac accompagné du général Duroc, de deux pages et de ses chevau-légers et gardes d'honneur. Sans traverser Bayonne, il gagna les Allées-Marines et s'arrêta à diverses reprises pour examiner des navires américains qui venaient d'entrer dans le port. Puis mettant son cheval au galop, il arrivait bientôt à la Barre, où il s'arrêta un moment, mais sans mettre pied à terre Tournant à gauche, il suivit la longue plage de sable jusqu'à la Chambre-d'Amour. Il ne fit qu'y passer, et précédé d'un garde d'honneur qui avait toutes les peines du monde à ne pas se laisser rattraper par l'excellente monture de l'empereur, il atteignit la route d'Espagne et était bientôt après rentré à Marrac.

17 Juillet 1808

Le départ du préfet des Basses-Pyrénées, général de Castellane, pour Pau. indiquait que le séjour de l'empereur touchait à sa fin. A huit heures du matin, Napoléon passait une revue des troupes sur les glacis, les faisait manœuvrer lui-même, et après le défilé il rentrait à Marrac et ne sortait plus de la journée. Dans son cabi-

not il dicta à son secrétaire, M. de Méneval, une lettre à son bibliothécaire Barbier,
relativement à la formation d'une bibliothèque de campagne pour l'empereur.

18 Juillet 1808

Après sa promenade habituelle dans le
parc du château, Napoléon sortit à cheval
avec le général Duroc et son escorte, et
prenant la route des Pontots il se dirigea
vers la Chambre-d'Amour. Il n'y resta que
peu de temps et gagna bientôt Biarritz par
la petite route qui suivait le haut des
falaises. Il était de retour à Marrac vers
quatre heures de l'après-midi, où il recevait M. de Canisy, chargé de dépêches
par son frère le roi Joseph.

Le soir M. et Mme de Senfft-Pilsac,
ministre plénipotentiaire du roi de Saxe,
le fidèle allié de Napoléon, quittaient
Bayonne, se dirigeant sur Pau.

19 Juillet 1808

Les événements se précipitaient, on sen-
tait arriver le départ prochain de Leurs
Majestés Impériales. Le matin partait pour
l'Espagne un corps de 3,000 hommes d'infanterie, tandis que la compagnie basque
du prince Murat se mettait en route pour
Barèges.

A neuf heures du matin Napoléon, accompagné du maréchal Berthier et du
général Duroc, sortit de Marrac à cheval
et alla s'embarquer dans sa péniche qui

l'attendait à la cale du Moulin. Il descendit avec rapidité le fil du courant et arriva bientôt à la tour des Signaux. Son premier regard fut pour la croisière anglaise, que l'on apercevait à l'horizon. Il s'entretint assez longtemps avec M. Bourgeois, puis remontant dans son embarcation, il alla retrouver sa monture au point où il l'avait laissée. Il rentra à Marrac non sans avoir remercié avec affabilité son vigoureux équipage qui l'avait si bien servi et qu'il voyait pour la dernière fois. Les braves marins levèrent leurs rames et poussèrent tous ensemble le cri de : Vive l'Empereur !

Rentré au château de Marrac où tout s'apprêtait pour le départ, l'empereur ne sortit plus de la journée.

20 Juillet 1808

On s'apprête pour le départ de Bayonne et Napoléon ne sortit pas, ce jour-là, du château de Marrac.

21 Juillet 1808

A l'entrée de la nuit, l'empereur, l'impératrice et la cour quittèrent Bayonne laissant dans tous les cœurs des souvenirs impérissables. Les troupes étaient sous les armes. les habitants, aux fenêtres et dans les rues, poussaient des cris d'enthousiasme. Les voitures impériales traversèrent Bayonne et Saint-Esprit au petit pas, tandis que le canon tonnait de toutes parts. Peu de jours après les principales

autorités bayonnaises recevaient, par l'in-
termédiaire du grand-maréchal Duroc, des
souvenirs de l'empereur, et la ville elle-
même ne fut pas oubliée dans ses bien-
faits.

Alors commença ce voyage inoubliable
dans le Midi et le Sud-Ouest de la France,
dont l'histoire détaillée est encore à faire.
Le 22 Napoléon était à Pau, le lendemain
à Tarbes, le 24 à Auch, le 25 à Toulouse.
Il arrivait le 29 à Montauban, le 30 il était
à Agen, le 31 à La Réole, le 1ᵉʳ août à Bordeaux, le 4 à Saintes, le 5 à Rochefort, le
7 à Niort, le 8 à Napoléon-Vendée, le 9 à
Nantes, le 10 à Paimbœuf, le 11 à Angers,
le 12 à Tours, le 13 à Blois, il rentrait le
14 août à Saint-Cloud, les événements
d'Espagne l'ayant obligé d'écourter son
voyage.

Bayonne devait encore revoir le grand
empereur, mais alors c'était le général qui
arrivait comme la foudre, et allait porter
à l'Espagne des coups dont la Péninsule
allait frémir d'un bout à l'autre.

Tel fut le séjour de l'empereur à Bayonne. Mais beaucoup de faits et d'anecdotes
précieux ont été recueillis et n'ont pu trou-
ver leur place dans ces éphémérides parce
que nous ne connaissons pas la date exacte
du jour où ces faits s'étaient produits. Tout
ceci n'est qu'un premier jalon posé et
invitera peut-être quelque érudit de notre

ville plus heureux et mieux armé que nous à corriger et à rectifier ce travail dans tout ce qu'il a de défectueux et d'incomplet.

Le 14 avril 1808, Napoléon entrant à Bayonne étant alors à l'apogée de sa gloire, c'est à partir des événements dont notre ville fut le théâtre, que commença la période descendante. Six ans après, le même jour 14 avril 1814, une sortie désespérée de la garnison ensanglantait les côteaux de Saint-Etienne et était comme le dernier chant de gloire de la vieille forteresse.

Mais en ces six années que d'événements : pour abattre le géant des batailles il n'avait pas fallu moins que l'Europe entière coalisée avec les éléments. Aussi est-ce avec un élan d'enthousiasme que nous terminerons ces lignes en répétant ces deux vers de l'admirable poète :

Combien aux jours de la curée
Étiez-vous de corbeaux contre l'aigle expirant ?

E. DUCÉRÉ

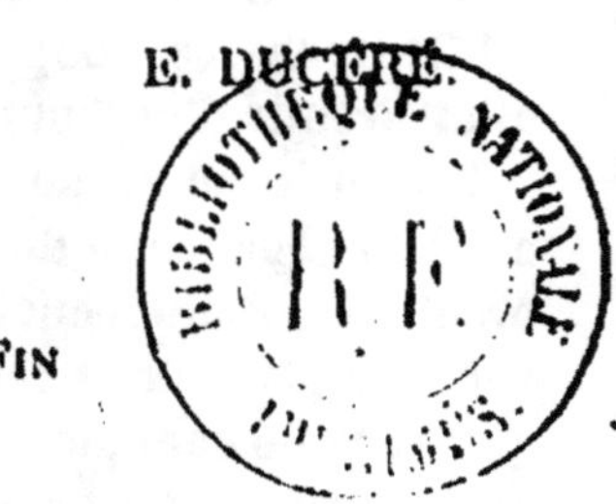

FIN

Impr. Lamaignère, Bayonne

Documents manquants (pages, cahiers...)
NF Z 43-120-13